Christian Möller

Adel gegen Monarchie - Die Adelskriege in Uganda im 19. Jahrhundert

GRIN Verlag

Christian Möller M.A.

Adel gegen Monarchie:

Die Adelskriege in Uganda

im 19. Jahrhundert

Referat für das Seminar

„Feudalismus in Afrika"

Historisches Seminar der Universität Hannover, 2. Februar 1994

Inhaltsverzeichnis

Bibliografische Information der Deutschen Nationalbibliothek:

Die Deutsche Bibliothek verzeichnet diese Publikation in der Deutschen National-
bibliografie; detaillierte bibliografische Daten sind im Internet über http://dnb.d-
nb.de/ abrufbar.

Impressum:

Copyright © 1994 GRIN Verlag GmbH
Druck und Bindung: Books on Demand GmbH, Norderstedt Germany
ISBN: 978-3-656-75862-4

Dieses Buch bei GRIN:

http://www.grin.com/de/e-book/111037/adel-gegen-monarchie-die-adelskriege-in-
uganda-im-19-jahrhundert

Vorwort

Am 18. Juni 1894 erklärte Großbritannien das Königreich *Buganda* zum Protektorat und gab ihm den Namen *Uganda*.[1] In der Folgezeit vergrößerte sich *Uganda* durch den Anschluss der Königreiche *Bunyoro, Toro, Ankole, Lango, Busoga* und *Teso* wesentlich. Bis heute besetzen die *Baganda* wichtige Posten und Ämter, worin sich die einstige Macht des jahrhundertealten Königreiches in der Zwischenseenregion spiegelt.[2]

Im Folgenden soll untersucht werden, wie es zu dem Konflikt zwischen dem Adel und dem König (*Kabaka*) kam, der letztendlich zur Entstehung des Protektorats führte.

---

[1] Vgl. Füsser, Wilhelm-Karl: Vorkoloniale Gesellschaftsstrukturen und Sklaverei: das Beispiel Buganda, in: Dillmann, Bley, u. a.: Sklaverei in Afrika, Bd. 2, Pfaffenweiler 1991, S. 135 (im Folgenden: Füsser, Wilhelm-Karl: Sklaverei).

Teil I: Ausbau der Macht des Königs

1. Entstehung des Königreiches Buganda

Seit dem 14. Jahrhundert gab es in dem Kernland des späteren *Buganda* große Wanderungsbewegungen von sowohl ackerbau- als auch viehzuchttreibenden Stämmen. Von den bereits sesshaften Stämmen wurden diese integriert und es bildeten sich autonom in geschlossenen Siedlungseinheiten lebende *clans*.[3] An der Spitze der *clans* standen die *clan-heads* (*Bataka*), die von allen Mitgliedern des *clans* gewählt wurden, ihrer Kontrolle unterstanden und jederzeit absetzbar waren. Ihre Aufgaben waren die Überwachung einer sinnvollen Nutzung des Gemeineigentums an Land und Vieh als ökonomische Basis, Beilegung von Streitigkeiten sowie religiöse und zeremonielle Aufgaben.[4]

In der folgenden Zeit kam es aufgrund des äußeren Drucks durch bereits konsolidierte Nachbarländer, z. B. *Bunyoro*[5], auf die einzelnen *clans*, zur Bildung einer lockeren *clan*-Konföderation. An ihrer Spitze stand der *Sebataka*[6], dessen Macht ähnlich den *Bataka* begrenzt war. Seine Aufgabe war die gemeinsame Verteidigung gegen äußere Feinde und die Regelung der Beziehungen untereinander.

Während die *Baganda*-Überlieferung in diesem Zusammenhang von der Einigung der *clans* als Werk des ersten *Kabaka Kintu* berichtet, muss man eher davon ausgehen, dass der gesamte Prozess der Herausbildung eines Königtums mehrere Jahrhunderte in Anspruch nahm.[7]

---

[2] Vgl. Kasfir, Nelson: Uganda, in: The Academic American Encyclopedia (Electronic Version), Grolier, Inc., Danbury, CT., 1992; Füsser, Wilhelm-Karl, Sklaverei, S. 120.

[3] Siehe Füsser, Wilhelm-Karl: Rebellion in Buganda. Eine Staatskrise im vorkolonialen Ostafrika, Bd. II, Bibliothek Afrikanische Geschichte, 1. Auflage, Hamburg 1989, S. 28 (im Folgenden: Füsser, Wilhelm-Karl: Rebellion).

[4] Füsser, Wilhelm-Karl: Rebellion, S. 28; Rusch, Walter: Klassen und Staat in Buganda vor der Kolonialzeit, Berlin (Ost) 1975, S. 322.

[5] Rusch, Walter: Ebenda, S. 323.

[6] Ebenda, S. 323.

[7] Vgl. Rusch, Walter: Ebenda, S. 323 und Kiwanuka, Semakula: A history of Buganda. From the foundation of the kingdom to 1900, London 1971, S. 93. Der Autor beruft sich auf die Zeit von 1300 bis 1500.

2. Schaffung eines Verwaltungssystems

Zwischen dem 15. und 17. Jahrhundert kam es zu einer Veränderung der Gesellschaftsstrukturen, in dessen Verlauf die *clans* in *lineages* (*siga*) und *sub-lineages* (*mutuba*) auseinanderbrachen. Grund hierfür war ein Bevölkerungswachstum und eine damit einhergehende Landknappheit. So wanderten ganze *clan*-Teile in noch unbewohnte Gegenden, was eine einheitliche Verwaltung des Landes unmöglich machte, und der Besitz an Grund und Boden nunmehr an die einzelnen Gruppen fiel.[8]

Die so entstehende Vermischung der *clans* untereinander machte die Schaffung eines neuen Verwaltungssystems auf territorialer Grundlage notwendig. Die in der Konföderation entstehenden Posten und Ämter wurden von den *clan*-Oberhäuptern (*Bataka*) an sich gerissen, ihre Macht und ihr Reichtum wuchsen, und es entstand eine Art Adelsschicht, die in zunehmenden Maße über den ehemaligen Gemeinbesitz verfügte.[9]

3. Kampf um die Macht

Die Ämter waren innerhalb des *clans* erblich. Ebenso waren die Ämter bei Hofe des *Kabakas* fest in den Händen der *clans*, *siga* und *mutuba*. Dies bedeutete die Abhängigkeit des *Kabakas* vom Gentiladel.[10]

Die *clans* waren patrilinear, während die königliche Familie matrilinear organisiert war. Da der *Kabaka* mehrere Frauen aus verschiedenen *clans* hatte, konnte jeder *clan* auf die Stellung des Thronfolgers hoffen. Der damit verbundene Macht- und Prestigezuwachs führte zu blutigen Fehden zwischen den *clans*. Dieser Konkurrenzkampf, gaben dem *Kabaka* schließlich die Möglichkeit in das Erbfolgesystem aktiv einzugreifen.[11] So war *Mutebi* der erste König, der effektiv in die Erbfolgeregelung eingriff, was zum ersten großen Konflikt zwischen dem König und den *clan-heads* führte.[12] Trotz des Widerstandes der *clan-heads*, die ihre alten Privilegien zu verteidigen hatten, gelang es *Mutebi* seine eigenen Kandidaten in Ämter einzusetzen.

---

[8] Füsser, Wilhelm-Karl: Rebellion, S. 30
[9] Ebenda, S. 31f.
[10] Ebenda, S. 32.
[11] Rusch, Walter: Ebenda, S. 325.

Laut Kiwanuka soll er die *chiefs* der Bezirke *Busujju* und *Singo* unter dem Vorwand der Verschwörung abgesetzt und seine eigenen Günstlinge eingesetzt haben.[13] Die Ziele des *Kabaka* und der *clan-heads* traten immer deutlicher hervor: Während der *Kabaka* versuchte, sich der Kontrolle der *clan-heads* zu entziehen und Herrschaft über das gesamte Land zu erlangen, strebten die *clan-heads* ihrerseits eine vom *Kabaka* unabhängige Kontrolle über das gesamte Land an.[14] Jedoch war es der *Kabaka*, dem es gelang, nach und nach seine Macht stetig auszubauen. „*But from about 1700 to 1825 practically every successor to the Buganda throne had to fight for it [...]*"[15], was daran lag, dass die *chiefs* nur einen seiner Rivalen - es gab meistens mehrere erbberechtigte Prinzen - zu unterstützen brauchten, um den *Kabaka* zu stürzen. „*From the beginning of the eighteenth century one notices a growing tendency towards violence and civil strife.*"[16] Es wurden Könige gestürzt und Intrigen gegen Nachfolger gesponnen. „*[...] Kiganda society concealed a life of fear and anxiety [...]*"[17], trotzdem wurde *Buganda* ein stark zentralisiertes Königreich.

Mit der Schaffung neuer Ämter gelang es dem *Kabaka* schließlich, einen Konkurrenzkampf zwischen den *Bataka* zu entfachen, die sich um der Posten Willen seinen Interessen zu beugen hatten.[18] Mit der Einsetzung von *Bakungu* und *Batongole* schuf der *Kabaka* eine neue Schicht von Amtsadel, der durch den Erhalt von nichterblichen Amtsländereien von ihm abhängig war, d. h. nach Ausscheiden aus dem Amt mussten sie ihre Ländereien wieder an den *Kabaka* abgeben.[19] Überdies mussten sie die meiste Zeit des Jahres am Hofe des *Kabaka* leben, da fast täglich Sitzungen der Ratsversammlung (*Lukiko*) stattfanden. In diesem Rat saßen ferner die beiden wichtigsten Beamten, der *Katikiro* - als oberster weltlicher Beamte - und der *Kimbugwe* - als oberster religiöser Beamte.[20] Es wurden alle politischen und administrativen Belange behandelt, ohne dass die Mitglieder großen Einfluss auf die nur vom *Kabaka* gemachten Vorschläge gehabt haben dürften.

---

[12] Kiwanuka, Semakula: Ebenda, S. 100.
[13] Ebenda, S. 101.
[14] Füsser, Wilhelm-Karl: Rebellion, S. 34.
[15] Kiwanuka, Semakula: Ebenda, S. 131.
[16] Ebenda, S. 154.
[17] Ebenda, S. 154.
[18] Füsser, Wilhelm-Karl: Rebellion, S. 36.
[19] Rusch, Walter: Ebenda, S. 325.
[20] Füsser, Wilhelm-Karl: Rebellion, S. 50..

Zwar besaßen sie das Recht Einspruch zu erheben und Kritik zu üben, doch sollte in diesem Zusammenhang nicht vergessen werden, dass sie vom Herrscher abhängig waren.[21] In der Literatur gibt es dazu verschiedene Meinungen: die einen gehen davon aus, dass der König nicht rechtlich an die Zustimmung seines Rates gebunden war, jedoch jederzeit absetzbar war. Die anderen schreiben, dass seine Macht absolut war.[22] Meiner Meinung nach hing die Einflussnahme des Adels in der *Lukiko* auf den *Kabaka* von der Beziehung zu seinen Beamten ab. Es ist anzunehmen, dass der König wenigstens einen Vertrauten unter den Beamten hatte, auf dessen Rat er Wert legte, und der somit gewissen Einfluss auf ihn ausüben konnte. Wahrscheinlich handelte es sich hierbei um den *Katikiro*, den *Kimbugwe* oder wahrscheinlicher um den *Kasujju*, der Premierminister und immerhin Oberaufseher über die Söhne des *Kabaka* war.[23] Allerdings bestimmten alle drei Personen den Thronfolger und waren allein aufgrund dieser Tatsache vermutlich Vertrauensleute des *Kabaka*.

Die Hauptstadt (*Kibuga*) mit der Residenz des Kabaka (*Lubiri*) war das politische Zentrum *Bugandas*. Von der *Kibuga* ging ein breit angelegtes Wegenetz aus, das alle Amtsländereien sowie Verwaltungsdistrikte miteinander verband. Am Hof des *Kabaka* lebten seine Frauen, hunderte Pagen, Dienstleute und Sklaven.[24] Das Land war in 10 Distrikte eingeteilt, die in mehrere Unterdistrikte unterteilt waren. Jeder Verwaltungseinheit stand ein vom *Kabaka* eingesetzter Beamter vor. Diese hatten wie die *clan-heads/Bataka* und die Verwalter der *Batongole-* und *Bakungu*-Ländereien die Anweisungen des *Kabakas* und/oder ihrer Landesherren unverzüglich auszuführen. Aufgabe der *Batongole* und *Bakungu* war es, die Infrastruktur des Landes aufrecht zu erhalten und die Residenz des *Kabakas* zu versorgen. Zu diesem Zweck mussten die Bauern, die auf den Amtsländern lebten, einen Teil ihrer Abgaben in Arbeitszeit leisten.[25] Diesem System konnten sich die Bauern nicht entziehen. Allerdings konnten sie jederzeit ihren Landesherren verlassen und bei einem anderen Adligen unterkommen. Hierin lag auch der Unterschied zu einem Sklaven, von denen es jedoch nur wenige männliche gab. Dies hatte seine Ursache in der Bedeutung der Frau in der *Baganda*-Gesellschaft: ihre Aufgabe war der Anbau der aus Südasien stammenden Banane, die sich aufgrund ihrer

---

[21] Rusch, Walter: Ebenda, S. 327.
[22] Füsser, Wilhelm-Karl: Rebellion, S. 51f.
[23] Rusch, Walter: Ebenda, S. 232f.
[24] Füsser, Wilhelm-Karl: Rebellion, S. 50.

ganzjährigen Anbaufähigkeit zum Grundnahrungsmittel der *Baganda* entwickelte. Somit konnten „*[...] auch die nicht in der Landwirtschaft Tätigen in größerer Zahl versorgt werden [...]*"[26]

4. Uneingeschränkte Macht des Kabaka

Anfang des 18. Jahrhunderts begann *Buganda* in immer stärker werdendem Maße mit ausgedehnten Raub- und Eroberungszügen in Nachbarländer.[27] Gestützt auf eine gut organisierte Flotte und Heer deckten die *Baganda* somit ihren Bedarf an Rohstoffen wie Salz und Eisen, aber auch an Frauen. So sollen in *Buganda* dreieinhalb mehr Frauen als Männer gelebt haben.[28] Bis Mitte des 19. Jahrhunderts hatte *Buganda* sein Staatsgebiet erheblich ausgedehnt und alle umliegenden Länder tributpflichtig gemacht.[29] Mit jedem neu gewonnenen Territorium wurden neue Posten und Ämter geschaffen, deren Besetzung vom *Kabaka* abhängig war. So gelang es ihm nach und nach die Macht der *Bataka* zu brechen, bis er im 19. Jahrhundert uneingeschränkter Herrscher *Bugandas* wurde.[30] Der *Kabaka* war nun Staatschef, Heerführer und oberster Richter. Mit einer Verfügungsgewalt über das Land und seine Bewohner war er zugleich Herr über Leben und Tod.[31]

Der Adel versuchte durch die Entsendung seiner Söhne als Pagen an den Hof des *Kabakas* Privilegien zu sichern[32] und, da die Pagen zur künftigen Führungsschicht des Landes erzogen wurden, Ämter und Posten innerhalb ihrer *lineages* zu erhalten. Sie konnten jedoch nicht verhindern, dass der *Kabaka* selbst die Wahl der *Bataka* beeinflusste. So mussten im Rahmen der Initiations-Riten die neugewählten *Bataka* der *clans*, *lineages* und *sub-lineages* dem *Kabaka* vorgestellt werden, der die Wahl ablehnen und die Wahl eines anderen Erbberechtigten verlangen konnte. Dies gab ihm die Möglichkeit, Oppositionelle von vornherein auszuschließen.[33]

---

[25] Füsser, Wilhelm-Karl: Sklaverei, S. 122 und Rusch, Walter: Ebenda, S. 326.
[26] Bley, Helmut: Konflikte vorprogrammiert: Geschichte Ugandas, in: Journal für Geschichte 1, H. 2, 1979.
[27] Füsser, Wilhelm-Karl: Rebellion, S. 34.
[28] Bley, Helmut: Ebenda, S. 19.
[29] Füsser, Wilhelm-Karl: Rebellion, S. 35 und Rusch, Walter: Ebenda, S. 329.
[30] Füsser, Wilhelm-Karl: Rebellion, S. 37 und Rusch, Walter: Ebenda, S. 327.
[31] Füsser, Wilhelm-Karl: Rebellion, S. 37.
[32] Büttner, Thea: Afrika, Geschichte von den Anfängen bis zur Gegenwart, Köln 1979, S. 219.

5. Handel mit den Arabern

In der Mitte des 18. Jahrhunderts kam es zu ersten noch indirekten Kontakten mit dem ostafrikanischen Küstenhandel. Erst unter *Kabaka Suna II* kam es um das Jahr 1850 zu direkten Kontakten mit arabischen Händlern, die mit dem *Kabaka* persönlich handelten.[34] Erst wenn er seine Geschäfte abgewickelt hatte, durften die Händler ihre restlichen Waren auch dem Adel des Landes anbieten. Die wichtigsten Handelsgüter waren Perlen, Glasprodukte, Spiegel, Uhren und Baumwollstoffe, Muschelgeld und besonders Schusswaffen im Austausch für Sklaven und Elfenbein.[35]

Durch seine militärische Macht schützte der *Kabaka* sein Handelsmonopol und verbot den muslimischen Händlern aus *Zanzibar* sogar Handel mit den Nachbarstaaten zu treiben, weil man fürchtete, die Hegemonialstellung in der Region zu verlieren. Besonders der Erbfeind *Bunyoro* sollte nicht in den Besitz von Feuerwaffen gelangen, um nicht zu einer ernsten Bedrohung für *Buganda* zu werden.[36]

---

[33] Füsser, Wilhelm-Karl: Rebellion, S. 35.
[34] Kiwanuka, Semakula: Ebenda, S. 167.
[35] Füsser, Wilhelm-Karl: Sklaverei, S. 132f.
[36] Büttner, Thea: Ebenda, S. 218, Bley, Helmut: Ebenda, S. 20 und Füsser, Wilhelm-Karl: Sklaverei, S. 132.

Teil II: Kampf des Adels gegen den König

1. Kabaka Mutesa: Beginn des königlichen Machtverfalls

Mit der Inthronisierung des *Kabaka Mutesa* im Oktober 1856 sollte für die *Baganda* ein neues Zeitalter anbrechen.[37] *Mutesa* war der letzte absolutistische Herrscher über das Königreich *Buganda*. Bereits am Ende seiner Herrschaft zeichnete sich der Beginn einer völligen Umstrukturierung der gesellschaftlichen und politischen Strukturen des Landes ab, was den unweigerlichen Machtverlust des Thronnachfolgers *Mwanga* zur Folge hatte.

Nachdem *Mutesa* seine Macht gesichert hatte, indem er sich gegen seinen Rivalen Prinz *Kajumba* durchgesetzt hatte und 63 potentielle Thronerben hinrichten ließ, öffnete er sein Land wieder für den Handel mit den Arabern aus *Zanzibar*. Diese waren ab 1860 ständig am Hofe des *Kabakas* präsent.[38]

In den 1860er Jahren stellte *Mutesa* ein stehendes Heer auf. Oberbefehlshaber wurde der *Mujasi*, der den Rang eines hohen Distriktverwalters bekam und die Organisation der Leibwache des *Kabaka* übernahm. Die Soldaten waren in jedem Distrikt stationiert und bekamen Land anstelle von Sold. Mit der mit Gewehren ausgerüsteten Leibwache schuf *Mutesa* sich ein starkes Machtinstrument, um den Adel zusätzlich zu kontrollieren.[39]

Im Jahr 1862 kamen die ersten Weißen nach *Buganda*.[40] Es waren die Afrikareisenden *John Hanning Speke* und *James Grant*, die auf der Suche nach der Quelle des Nils einige Zeit am Hofe *Mutesas* verweilten.[41] In den folgenden Jahren nahmen zunächst jedoch die arabischen Händler Einfluss auf *Mutesa*. Sie dienten ihm als Schreiber und Übersetzer, lehrten ihn arabisch und nahmen selbst auf seine Kleidungsgewohnheiten und Bräuche Einfluss. Natürlich war *Mutesa* aktiv an dieser Entwicklung beteiligt, denn er wollte zum einen die Araber aufgrund ihrer Fähigkeiten an seinen Hof binden und zum anderen sie von einem Handel mit *Bunyoro* abhalten. So ist es nicht verwunderlich, dass die Araber Untertanen des *Kabaka* wurden und sogar zu Amtsträgern ernannt wurden. Der *Kabaka*

---

[37] Kiwanuka, Semakula: Ebenda, S. 155.
[38] Ebenda, S. 156 und Füsser, Wilhelm-Karl: Rebellion, S. 93.
[39] Füsser, Wilhelm-Karl: Rebellion, S. 95.
[40] Kiwanuka, Semakula: Ebenda, S. 157.
[41] Buss, Robin, Speke, John Hanning und Solnick, Bruce B.: Exploration, Land Explorations, Africa, in: The Academic American Encyclopedia (Electronic Version), Grolier, Inc., Danbury, CT. 1992.

verordnete um 1869 seinen Untertanen den Islam und ließ eine Moschee im Zentralbereich seines Palastes bauen.[42] Für diese Moschee schuf er ein eigenes Ministerium.

Einige Jahre später kam es jedoch zum ersten großen Konflikt zwischen *Mutesa* und den Moslems: ab 1870 kamen ehemalige Soldaten aus Ägypten, die in die Leibwache des *Kabaka* integriert wurden. Auch moslemische Händler aus *Khartoum* ließ *Mutesa* nach *Buganda*, die den *Kabaka* darauf hinwiesen, *„[...] dass nur derjenige die Gebete leiten dürfe, der selbst beschnitten sei [...]"*[43] Weil *Mutesa* aus traditionellen Gründen das islamische Beschneidungsritual aber ablehnte, verweigerten die Pagen und die sog. *reader* (Pagen, die lesen und schreiben konnten) ihre Teilnahme an von *Mutesa* geleiteten Gebetsstunden. Aufgrund dieser Gehorsamsverweigerung gegenüber dem *Kabaka* ließ *Mutesa* alle jene, die sich weigerten, verbrennen.[44]

Im April 1875 kam Sir *Henry Morton Stanley*, ein britisch-amerikanischer Journalist und Abenteurer, an den Hof *Mutesas*.[45] Da *Buganda* seit einigen Jahren durch die Expansionsversuche Ägyptens stark gefährdet war, nahm *Mutesa* die Empfehlung *Stanleys* an, christliche Missionare einzuladen, somit Kontakte zu mächtigen europäischen Staaten herzustellen und dadurch die notwendige Rückendeckung gegenüber Ägypten zu haben.[46]

Im Jahr 1877 gelangten die ersten anglikanischen Missionare der *Church Mission Society* (C. M. S.) nach *Buganda*.[47] Sie lehrten dem *Kabaka* die lateinische Schrift und die Gebote der Bibel während der Audienzen, an denen auch der anwesende Adel sowie etliche Pagen teilnahmen. Dieser Unterricht war jedoch auf den Palast beschränkt und *Mutesa* verbot jedem näheren Kontakt zu den Missionaren.[48]

Als im Jahr 1879 auch die katholischen *White Fathers* aus Frankreich *Buganda* besuchten, hob *Mutesa* wenig später das Verbot auf, die Missionare aufzusuchen.[49] Er erlaubte sogar den Unterricht in den Missionsschulen, an dem viele Pagen teilnahmen. Genau wie im Handel versuchte *Mutesa* zunächst die Fähigkeiten der Missionare für sich allein in Anspruch zu nehmen und begrenzte deshalb ihre Aktivitäten auf den Hof. So entstand die für Ost-Afrika einzigartige Situation, dass die verschiedenen Glaubensrichtungen nicht in

---

[42] Füsser, Wilhelm-Karl: Rebellion, S. 95.
[43] Ebenda, S. 96.
[44] Ebenda, S. 97 und Kiwanuka, Semakula: Ebenda, S. 167.
[45] Füsser, Wilhelm-Karl: Rebellion, S. 99 und Rotberg, Robert I., Stanley: Sir Henry Morton, in: The Academic American Encyclopedia (Electronic Version), Grolier, Inc., Danbury, CT. 1992.
[46] Bley, Helmut: Ebenda, S. 21.
[47] Kiwanuka, Semakula: Ebenda, S. 170.
[48] Füsser, Wilhelm-Karl: Rebellion, S. 101.

voneinander abgegrenzten Gebieten ihre Missionstätigkeit vornehmen konnten.[50] Die religiöse Rivalität entfaltete sich somit direkt am Hof des *Kabaka*. Überdies führte die Uneinheitlichkeit der christlichen Lehre zu großer Verwirrung bei Hof.[51]

Auf der einen Seite war es dem Kabaka somit möglich, die gesamte Führungselite des Landes, einschließlich der Missionare und Araber, zu kontrollieren, auf der anderen Seite überließ er dem Adel jedoch die freie Wahl der Glaubensrichtung. Während die Araber die Eckpfeiler der bagandischen Gesellschaft, nämlich Polygamie und Sklaverei, nicht angetastet haben, sondern sich weitestgehend in die Gesellschaft integrierten, nutzten die christlichen Missionare ihren wachsenden Einfluss auf die spätere Führungsschicht, die Pagen, um die Gebote der Bibel durchzusetzen. Dadurch gelang es den Missionaren, den absolutistischen Herrschaftsanspruch des *Kabaka* bei den Pagen zu unterminieren und, was weitaus schwerer wog, die Autorität des *Kabaka* auf sie selber zu übertragen.[52] Jedoch kann man sagen, dass *Mutesa* an dieser Entwicklung nicht ganz unschuldig war, hatte er doch gegen die „rebellischen" Pagen nicht konsequent durchgegriffen, wie er es einige Jahre zuvor noch getan hatte. Möglicherweise ist *Mutesas* Unentschlossenheit auf dessen fortlaufende Erkrankung zurückzuführen, die schließlich zu seinem Tod im Jahr 1884 führte.[53]

2. Mwanga und die Adelskriege

Nachfolger *Mutesas* wurde sein knapp 20 Jahre alter Sohn *Mwanga*, dessen Thronfolge sich ohne größere Konflikte vollzog. Mittlerweile hatten sich jedoch auf Basis der Religionen - Moslems, Protestanten, Katholiken und Anhänger der *Kiganda*-Religion - innerhalb des Adels vier politische Interessensgruppen herausgebildet. Insbesondere die Polarisierung der jüngeren Amtsträger und Pagen war dem alten Adel ein Dorn im Auge.[54]

Im Rahmen der europäischen Penetration in Afrika versuchten die aufgebrachten Araber *Mwanga* gegen die Weißen aufzuwiegeln. Es gelang jedoch dem christenfeindlichen *Katikiro Mukasa* und adligen Anhängern der *Kiganda*-Religion, Einfluss auf den *Kabaka*

---

[49] Kiwanuka, Semakula: Ebenda, S. 170.
[50] Füsser, Wilhelm-Karl: Rebellion, S. 104.
[51] Ebenda, S. 103.
[52] Ebenda, S. 143ff.
[53] Kiwanuka, Semakula: Ebenda, S. 186.
[54] Füsser, Wilhelm-Karl: Rebellion, S. 108.

zu nehmen.[55] Sympathisierte der junge *Kabaka* zunächst noch mit den Konvertiten - die größtenteils in seinem Alter waren -, hat er dann jedoch aufgrund der Intrigen ihre Loyalität in Zweifel gezogen: sie waren „[...] *in den Augen des Kabaka zu Verrätern der Autonomie Bugandas und seines Herrschers geworden.*"[56]

Im Januar 1885 ließ *Mwanga* drei Schüler der protestantischen Mission hinrichten, weil zwei von ihnen angeblich mit dem Missionar *Mackay* unerlaubt das Land verlassen wollten.[57] Im Herbst ließ *Mwanga* den anglikanischen Bischof für Ost-Afrika, *Hannington*, der sich auf dem Weg nach *Buganda* befand, in *Busoga* ermorden.[58] Gleichzeitig verbot *Mwanga* den Besuch der Missionsschulen. Die *reader* widersetzten sich jedoch diesem Befehl und besuchten die Missionare nun bei Nacht. So entstand quasi eine Untergrundbewegung mit einem System geheimer Verbindungen und Fluchtwege. Ihren Höhepunkt erreichte die Christenverfolgung mit der Hinrichtung von 32 Pagen bei Hof im Mai 1886:[59] die Pagen hatten sich geweigert, an homosexuellen Praktiken teilzunehmen. Als *Mwanga* bewusst wurde, dass er mit den Pagen auch den politischen Nachwuchs eliminierte, rehabilitierte er die Überlebenden und gab ihnen bedeutende Ämter.[60]

Eine Erklärung für Mwangas verwirrendes Verhalten findet man bei *Kiwanuka*:[61] Danach sollen eine Reihe von Katastrophen an seinem Verhalten Schuld gewesen sein: kurz nach seiner Inthronisierung soll eine Epidemie die Hauptstadt heimgesucht haben, der viele seiner

chiefs und Frauen zum Opfer gefallen sind; er ließ eine neue Hauptstadt bauen, die nach ihrer Fertigstellung einer großen Feuersbrunst zum Opfer fiel; eine Sonnenfinsternis nahmen die Araber zum Anlass, großes Unglück vorherzusagen; unterdessen brannte der Palast der Queen-Mutter sowie 25 Häuser ab; gleichzeitig kenterte *Mwangas* Handelsschiff; auch auf militärischem Gebiet gab es nur Niederlagen, so eine große Niederlage gegen *Bunyoro*, bei der auch der bagandische General getötet wurde; *Mwanga* wurden die Aktionen der Europäer in Ost-Afrika zugetragen sowie die bevorstehende Ankunft des Bischofs *Hannington* aus Richtung *Busoga*: *Busoga* wurde aber als die Hintertür *Bugandas* bezeichnet. In der *Kiganda*-Gesellschaft war jeder, der ein Haus durch

---

[55] Kiwanuka, Semakula: Ebenda, S. 194f.
[56] Füsser, Wilhelm-Karl: Rebellion, S. 109.
[57] Ebenda, S. 109.
[58] Ebenda, S. 110.
[59] Ebenda, S. 110.
[60] Kiwanuka, Semakula: Ebenda, S. 198.
[61] Ebenda, S. 195f.

die Hintertür betrat entweder ein guter Freund oder ein Feind. Da Bischof *Hannington* kein guter Freund von *Mwanga* war, gab er den Befehl diesen zu töten.

Zweifelsohne werden diese Katastrophen den jungen *Mwanga* politisch beeinflusst haben, dennoch ist seine Handlungsweise nicht von übertriebenem Aberglauben geprägt, sondern weist eine gewisse politische Weitsicht auf. So ist auch die verwirrende Rehabilitierung der Konvertiten darauf zurückzuführen, dass *Mwanga* sich ein nur ihm ergebenen Verwaltungsstab schaffen wollte, um sich somit der Bevormundung des alten Adels zu entziehen.[62] Er schuf ein stehendes Heer aus vier großen, mit Gewehren bewaffneten Regimentern, deren Anführer, zwei Moslems sowie ein Katholik und ein Protestant, als *Batongole* auch Ländereien bekamen. Tausende von jungen Männern strömten mit ihren Waffen zu den neuen Amtsinhabern, so dass sich auf deren *Bitongole* im Jahr 1888 rund 100.000 junge Männer befanden.[63]

Die Folge war, dass der alte Adel seine Gefolgsleute und somit seine Macht verlor. Da die vier *Bitongole* kein traditionelles Amtsland mit ansässigen Bauern waren, musste der Unterhalt der Soldaten über Geschenke des *Kabaka* oder mittels Raubzüge gesichert werden. War es einst Tradition, dass der *Kabaka* bei Amtseintritt eine Reise durch sein Land unternahm, bei dem die Bevölkerung Abgaben zu entrichten hatte, kam es nun unter *Mwanga* zu großen Raubzügen. So plünderten die Regimenter des Königs das Land aus, ohne Rücksicht auf den alten Adel, Tempel der Götter und sogar Mitglieder des Königshauses zu nehmen.[64] Ferner verstieß *Mwanga* gegen geltendes Recht und Tradition, als er Kriegsbeute nicht selber oder durch den kriegführenden General verteilte, sondern irgendeinen seiner Günstlinge für diese Aufgabe ernannte.

Zum endgültigen Bruch zwischen altem Adel und *Kabaka* kam es, als *Mwanga* selbst von ihnen verlangte, sich mit körperlicher Arbeit an der Aushebung eines Sees zu beteiligen.[65] Außerdem setzte er seine Günstlinge, junge Pagen, für die Überwachung der Arbeiten ein. Diese Oberaufseher hatten die Macht über Leben und Tod der Arbeiter und durften Nachlässigkeiten oder Verstöße umgehend ahnden.[66]

Die alte Führungsschicht hatte dem *Kabaka* und seinem Heer nichts entgegen zu stellen. Ohne Macht, lediglich mit bedeutungslosen Titeln ausgestattet, waren sie zwar wahrscheinlich auch mit Waffen ausgerüstet, aber „[...] *they were like generals without*

---

[62] Füsser, Wilhelm-Karl: Rebellion, S. 111.
[63] Kiwanuka, Semakula: Ebenda, S. 199.
[64] Füsser, Wilhelm-Karl: Rebellion, S. 112f.
[65] Ebenda, S. 113.

armies because their followers had joined the Bitongole of the young chiefs. "[67] Die einzige Möglichkeit die den alten *chiefs* verblieb, war einen Keil zwischen *Kabaka* und die *reader* zu treiben. So versuchte der alte Adel die verschiedenen Aktivitäten der Europäer in Ost-Afrika gegen die *reader* einzusetzen und abermals auf die Gefahr des Verrats an die europäischen Mächte hinzuweisen. Das Misstrauen *Mwangas* wurde geweckt und es kam auch immer mehr zur offenen Brüskierung seiner Befehle. Schließlich versuchte *Mwanga* die *reader* aller fremden Religionen, einschließlich der vier Regimenter, deren Anführern sowie die Missionare loszuwerden. Er wollte sie im Rahmen einer Plünderungsaktion am 9. September 1888 auf einer Insel im Viktoria-See aussetzen und verhungern lassen.[63] Der Plan wurde jedoch bekannt und bereits am 10. September stürzten alle drei religiösen Gruppen den *Kabaka Mwanga,* der ans Südende des Viktoria-Sees flüchtete.[69] Sie setzten wider aller Tradition *Mutesas* ältesten Sohn *Kiwewa* auf den Thron.

Auf die Verteilung der Macht hatte *Kiwewa* jedoch keinen Einfluss mehr, vielmehr wurden die Posten und Ämter von einer Adels-Oligarchie vergeben und Regimenter abgebaut.[70] Wenige Wochen später kam es jedoch zum Bürgerkrieg zwischen Moslems und Christen, weil man sich über eine Machtverteilung nicht einigen konnte. Zudem waren die Ziele der Moslems und Christen zu unterschiedlich, um eine friedfertige Lösung zu finden: die Moslems wollten *Buganda* in die islamische Welt einbinden, während die Christen Anschluss an die Europäer suchten.[71] Die Christen wurden zunächst vertrieben und flüchteten nach *Ankole* und an das Südende des Victoria-Sees.

Unterdessen wollten die Muslime den *Kabaka Kiwewa* zum Beschneidungsritual zwingen. *Kiwewa* tendierte aber eher zur *Kiganda*-Religion und plante daraufhin alle muslimischen Führer töten zu lassen. Bei einer Audienz mit führenden Amtsträgern tötete er persönlich zwei von ihnen, wurde aber zur Flucht gezwungen und später gefangengenommen.[72]

Prinz *Kalema,* der das Beschneidungsritual akzeptierte, wurde der erste muslimische *Kabaka.* Die Christen versuchten unterdessen mit einem legitimen Nachfolger des *Kabaka,* sprich einem *princes of the drums,* die Machtübernahme *Bugandas* vorzubereiten. Doch *Kalema* kam dieser Absicht zuvor, indem er ein Massaker an allen Prinzen und

---

[66] Kiwanuka, Semakula: Ebenda, S. 200.
[67] Ebenda, S. 201.
[68] Mwanzi, H. A.: African initiatives and resistance in East Africa 1880-1914, in: General History of Africa, Bd. VII, Unesco 1985.
[69] Füsser, Wilhelm-Karl: Rebellion, S. 115.
[70] Ebenda, S. 154.
[71] Ebenda, S. 155.
[72] Ebenda, S. 116.

Prinzessinnen befahl. Den Christen blieb somit nur eine Allianz mit *Mwanga* übrig.[73] Nach einer ersten Niederlage gelang es den Christen mit Unterstützung durch den Waffenhändler *Charles Stokes* - ein ehemaliger protestantischer Missionar - und nach einer Reihe erfolgreicher Schlachten am 5. Oktober 1889 die Hauptstadt *Mengo* zu erobern.[74] Die Moslems flohen nach *Bunyoro*. Jedoch im November gelang es ihnen, die Christen erneut in die Flucht zu schlagen. Im Februar 1890 konnten die Christen in einer letzten Schlacht die Auseinandersetzung für sich entscheiden und *Kalema* diesmal endgültig nach *Bunyoro* vertreiben.[75]

Nun kam es jedoch zu einer Auseinandersetzung zwischen den Katholiken und Protestanten. Als sich *Kabaka Mwanga* offen zum Katholizismus bekannte, unterzeichneten die Protestanten einen Vertrag mit der *Imperial British East African Company* (I. B. E. A. Co.), wodurch sie zur stärksten politischen Macht in *Buganda* wurden; es kam erneut zum Bürgerkrieg. Diesmal hieß es: Protestanten und *I. B. E. A. Co.* mit sudanesischen Söldnertruppen und Maschinengewehren gegen *Kabaka Mwanga*, Katholiken, Muslime und Anhänger der *Baganda*-Religion. Die protestantische Minderheit konnte sich durchsetzen. Als die *I. B. E. A. Co.* jedoch bankrott gegangen war und sich aus *Buganda* zurückziehen musste, gelang es der vereinigten Missions- und Wirtschaftslobby durch politischen Druck die britische Regierung zur Erklärung des Protektorats über *Buganda* zu bewegen:[76] 1894 wurde *Buganda* zum britischen Protektorat Uganda erklärt.

Kabaka Mwanga wurde 1897 vom kolonialen Regime abgesetzt und sein nur einjähriger Sohn *Daudi Cwa II* am 14. August 1897 zum *Kabaka* ernannt. Die Briten setzten drei Regenten ein: *Kaggwa* und *Kisingiri* (Protestanten) sowie *Mugwanya* (Katholik). Das *The Deposition Council* bestand aus 21 Protestanten und *Mugwanya* als einzigem Katholiken.[77] *Kabaka Mwanga* und seine Leute führten indes einen Guerilla-Krieg gegen das koloniale Regime, bis sie im Jahre 1899 besiegt wurden und *Mwanga* ins Exil auf die *Seychellen* ging.[78]

Das Uganda-Agreement von 1900 wandelte die Amtsländereien in erblichen Privatbesitz um, das der Inhaber bei Verlust seines Amtes nicht - wie früher - verlieren konnte.[79]

---

[73] Kiwanuka, Semakula: Ebenda, S. 213f.
[74] Füsser, Wilhelm-Karl: Rebellion, S. 117.
[75] Ebenda, S. 115.
[76] Bley, Helmut: Ebenda, S. 23.
[77] Kiwanuka, Semakula: Ebenda, S. 251.
[78] Ebenda, S. 252 und Mwanzi, H. A.: Ebenda, S. 161.

Die wesentlichen politischen und richterlichen Rechte des *Kabaka* wurden unter britische Kontrolle gestellt.[80] Viele der kolonialen Administratoren in *Uganda* waren *Baganda*; und gerade diese Tatsache schürte den Hass der nicht-bagandischen Bevölkerung auf die *Baganda*. Dies sollte in *Uganda* in den kommenden Jahren viele politische Probleme bereiten.[81]

---

[79] Füsser, Wilhelm-Karl: Sklaverei, S. 136.
[80] Bley, Helmut: Ebenda, S. 23.
[81] Mwanzi, H. A.: Ebenda, S. 162.

Literaturverzeichnis

Bley, Helmut: Konflikte vorprogrammiert: Geschichte Ugandas, in: Journal für Geschichte 1, H. 2, 1979.

Büttner, Thea: Afrika, Geschichte von den Anfängen bis zur Gegenwart, Köln 1979.

Buss, Robin, Speke, John Hanning und Solnick, Bruce B.: Exploration, Land Explorations, Africa, in: The Academic American Encyclopedia (Electronic Version), Grolier, Inc., Danbury, CT. 1992.

Füsser, Wilhelm-Karl: Vorkoloniale Gesellschaftsstrukturen und Sklaverei: das Beispiel Buganda, in: Dillmann, Bley, u. a.: Sklaverei in Afrika, Bd. 2, Pfaffenweiler 1991.

Füsser, Wilhelm-Karl: Rebellion in Buganda. Eine Staatskrise im vorkolonialen Ostafrika, Bd. II, Bibliothek Afrikanische Geschichte, 1. Auflage, Hamburg 1989.

Kasfir, Nelson: Uganda, in: The Academic American Encyclopedia (Electronic Version), Grolier, Inc., Danbury, CT., 1992

Kiwanuka, Semakula: A history of Buganda. From the foundation of the kingdom to 1900, London 1971.

Mwanzi, H. A.: African initiatives and resistance in East Africa 1880-1914, in: General History of Africa, Bd. VII, Unesco 1985.

Rotberg, Robert I., Stanley: Sir Henry Morton, in: The Academic American Encyclopedia (Electronic Version), Grolier, Inc., Danbury, CT. 1992.

Rusch, Walter: Klassen und Staat in Buganda vor der Kolonialzeit, Berlin (Ost) 1975.

Jan Schenkenberger

Die Haskala zwischen Aufklärung, Assimilation und traditionellem Bewußtsein

GRIN Verlag

Bibliografische Information der Deutschen Nationalbibliothek:

Die Deutsche Bibliothek verzeichnet diese Publikation in der Deutschen National-
bibliografie; detaillierte bibliografische Daten sind im Internet über http://dnb.d-
nb.de/ abrufbar.

Impressum:

Copyright © 2004 GRIN Verlag GmbH
Druck und Bindung: Books on Demand GmbH, Norderstedt Germany
ISBN: 978-3-640-13543-1

Dieses Buch bei GRIN:

http://www.grin.com/de/e-book/112814/die-haskala-zwischen-aufklaerung-assimi-
lation-und-traditionellem-bewusstsein

GRIN - Your knowledge has value

Der GRIN Verlag publiziert seit 1998 wissenschaftliche Arbeiten von Studenten, Hochschullehrern und anderen Akademikern als eBook und gedrucktes Buch. Die Verlagswebsite www.grin.com ist die ideale Plattform zur Veröffentlichung von Hausarbeiten, Abschlussarbeiten, wissenschaftlichen Aufsätzen, Dissertationen und Fachbüchern.

Besuchen Sie uns im Internet:

http://www.grin.com/

http://www.facebook.com/grincom

http://www.twitter.com/grin_com

Jan Schenkenberger

MA-Fachsemester: 3

Universität Erfurt,
BA-Religionswissenschaft
Sommersemester 2004

Die Haskala zwischen Aufklärung, Assimilation und traditionellem Bewußtsein.

Inhaltsverzeichnis

Aufklärung ist der Ausgang des Menschen aus seiner selbst verschuldeten Unmündigkeit. Unmündigkeit ist das Unvermögen, sich seines Verstandes ohne Leitung eines anderen zu bedienen. Selbstverschuldet ist diese Unmündigkeit, wenn die Ursache derselben nicht am Mangel des Verstandes, sondern der Entschließung und des Mutes liegt, sich seiner ohne Leitung eines anderen zu bedienen. [...]
Faulheit und Feigheit sind die Ursachen, warum ein so großer Teil der Menschen, nachdem sie die Natur längst von fremder Leitung frei gesprochen (naturaliter maiorennes), dennoch gerne zeitlebens unmündig bleiben...

Immanuel Kant

1. Die Haskalah – jüdische Aufklärung

„Aufklärung" – das ist seit Kants berühmter Definition das Schlagwort für das 17. Jahrhundert und die Umwälzungen jener Zeit. Ihr Ursprung liegt in der Reformation und der Rebellion gegen die tradierten mittelalterlichen Denkmuster und doch greift diese philosophische Bewegung weit über die Religion hinaus, indem sie den bloßen Glauben durch Vernunft und Rationalismus ersetzt. Eine bessere Welt kann nur durch den Gebrauch des eigenen Verstandes, durch logisches Denken erreicht werden und nicht durch Religion. „Sapere aude!" ist die Losung der Stunde, um bei Kant zu bleiben. Zugleich ist die Gabe des Verstandes und die Möglichkeit, Bildung zu erlangen, gebildet zu werden keine, die sich nur auf die Eliten beschränkt. Sie ist allen Menschen eigentümlich.

Durch die neben Kant stattfindende[1] Umwertung der bisher existierenden Werte – Vernunft statt Glaube – und die gleichzeitige Universalisierung des Wissensideals setzt sich die Aufklärung an die bisherige Stelle der Religion; sie selbst nimmt gleichsam religiöse Züge an. Die Wiederbelebung antiker Gottheiten als Verkörperung zeitgenössischer Ideen spricht hier eine deutliche Sprache.

---

[1] Es war nicht Kants Absicht, den Glauben zugunsten der Vernunft aufzugeben, wie oft behauptet wird. Das Gegenteil war sein Ziel: „das *Wissen* aufheben, um zum *Glauben* Platz zu bekommen, und der Dogmatismus der Metaphysik, d. i. das Vorurteil, in ihr ohne Kritik der reinen Vernunft fortzukommen, ist die wahre Quelle alles der Moralität widerstreitenden Unglaubens, der jederzeit gar sehr dogmatisch ist." (aus: Kant, Immanuel: *Kritik der reinen Vernunft [Vorrede zur zweiten Auflage]*, Seite 28)

Dennoch ist die Aufklärung durch die Ablehnung jeglicher Autorität außerhalb der ratio in ihrem tiefsten Wesen eine nachreligiöse Erscheinung[2].

Solch eine revolutionäre Bewegung konnte das frühbürgerliche Judentum nicht unbeeinflußt lassen, zumal hier viele Interessen zusammenkamen. Gerade in Städten wie Berlin bildete sich im 18. Jahrhundert eine neue jüdische Oberschicht heraus, deren Lebensstil sich an ihrem christlichen Umfeld – dem Adel und der entstehenden Bourgeoisie – orientierte und die mit den traditionellen Werten des Judentums nicht mehr viel anzufangen wußte. Als Juden blieben sie aber zunächst von ihrem Ziel der Anerkennung ausgeschlossen. Erst der Universalismus des sich aufklärenden „Menschen" bot die Verheißung auf Eingang in die bürgerliche Gesellschaft. Diese Gruppen waren es, die für eine Erneuerung des Judentums besonders aufgeschlossen waren – sie unterstützten darum die sich herausbildende Haskala[3] deren Hauptziel, neben dem Bildungsideal, Emanzipation war.

Und in der Tat erklang die Forderung nach religiöser Toleranz auch in christlichen Kreisen häufiger; schon Desiderius von Rotterdam konnte sich eine Freundschaft zu Juden durchaus vorstellen – Pufendorf erweiterte dies später um den Gedanken einer allumfassenden Humanität. Lessing kritisierte später die christliche Intoleranz und setzte sich bereits 1749 mit dem Schauspiel „Die Juden", in dem er das Beispiel eines edlen Juden erstmals propagierte für religiöse Toleranz ein; er bekam aber prompt vom Göttinger Theologieprofessor Michaelis die Replik, daß ein solches Beispiel eines edlen Menschen unter den Juden wohl kaum zu finden sei.

Zu dieser Zeit lebte Moses Mendelssohn bereits in Berlin, der auf lange Zeit hinaus zu dem Musterbeispiel des jüdischen Philosophen, aber gerade auch des tugendhaften Juden werden sollte. Doch an ihm demonstrierte sich ebenso deutlich die besondere Schwierigkeit der jüdischen Aufklärer. Der Ausgang aus der selbst verschuldeten Unmündigkeit gestaltete sich für sie nämlich ungleich

---

[2] Vgl. Funkenstein, Amos: *Das Verhältnis der jüdischen Aufklärung zur mittelalterlichen jüdischen Philosophie.* In: Gründer, Karlfried / Rotenstreich, Nathan (Hrsg.): *Aufklärung und Haskala in jüdischer und nichtjüdischer Sicht.* Heidelberg 1990, Seite 14f.

[3] Wobei festzuhalten bleibt, daß die jüdischen Intellektuellen um Mendelssohn in der Regel wenig mit dieser Grundhaltung anzufangen wußten. Mendelssohn selbst schrieb an seine Verlobte, „sie habe wenig gemein mit den reichen Berliner Juden, die charakterlich keinen Vergleich mit ihr aushielten." (Zitiert nach Meyer, Michael: *Von Moses Mendelssohn zu Leopold Zunz. Jüdische Identität in Deutschland 1749 – 1824.* München 1994, Seite 22)

schwerer als für ihre christlichen Mitmenschen: bei ihnen musste nämlich „dem Ausgang aus selbstverschuldeter Unmündigkeit erst einmal der Ausgang aus fremd verschuldeter Unmündigkeit vorausgehen"[4].

1.1 Die Entstehung eines neuen Bildungsideals. Mendelssohn, die Berliner Freischule und Ha Measef.

Moses Mendelssohns Biographie zeigt die Notwendigkeit der Selbstaufklärung exemplarisch. Geboren als Sohn eines armen Toraschreibers in Dessau, musste sich Mendelssohn den Weg in die Gesellschaft selbst bahnen. Mendelssohn erhielt zunächst den traditionellen Unterricht und besuchte den Heder und die Jeschiva in Dessau. Sein Biograph Euchel betont hierbei, wie frühzeitig und gründlich sich Mendelssohn Hebräisch angeeignet habe – inwiefern dies zutreffend ist, muß – aufgrund fehlender Selbstzeugnisse – wohl dahingestellt bleiben. Für die meisten anderen Quellen dürfte Britta Behms Äußerung über Mendelssohns Biographen Euchel Gültigkeit besitzen: „Euchels Mendelssohn-Biographie und die biographischen Darstellungen anderer jüdischer Aufklärer sind [...] immer auch daraufhin zu untersuchen, inwieweit sie ein Mendelssohn-Bild bzw. ein Symbol des Aufbruchs in eine neue Zeit zu konstruieren bestrebt waren"[5]. Dennoch bleibt festzuhalten, daß der Unterricht, den Mendelssohn beim damaligen Dessauer Oberrabbiner Fränkel erhielt, wohl nicht mehr rein traditionell orientiert war und Mendelssohns Horizont auch über die klassischen Lerninhalte hinaus erweiterte. Fränkel machte Mendelssohn mit Maimonides bekannt. Als Fränkel 1743 in Berlin Oberrabbiner wurde, folgte ihm Mendelssohn in die preußische Hauptstadt. In der Folgezeit erlernte er dort Deutsch, Englisch und Französisch und setzte sich mit der zeitgenössischen Philosophie auseinander.

---

[4] Schulte, Christoph: *Die jüdische Aufklärung. Philosophie, Religion, Geschichte.* München 2002, Seite 26

[5] Behm, Britta: *Moses Mendelssohn und die Transformation der jüdischen Erziehung in Berlin. Eine bildungsgeschichtliche Analyse zur jüdischen Aufklärung im 18. Jahrhundert.* Münster 2002, Seite 85

Neben der mittelalterlichen Philosophie des Maimonides waren es vor allem die Gedanken der englischen Freidenker um Locke, ganz besonders aber die Philosophie von Leibniz und Wolff, die Mendelssohn die Möglichkeit gaben, eine „Brücke vom talmudischen Judentum zu der Vernunftreligion"[6] und der Idee einer theologia naturalis zu bauen, die auf Vernunftwahrheiten beruhte. Damit wurde die Annahme von allgemeingültigen Grundwahrheiten, die hinter allen Religionen existierten, möglich.

Erst damit waren die Fundamente für die gesellschaftliche Anerkennung des Menschen Mendelssohn gelegt – inwieweit damit eine gesellschaftliche Anerkennung des *Juden* Mendelssohn einherging, ist dabei hingegen fraglich und wird später untersucht werden. Das Beispiel zeigt allerdings deutlich: der Weg in die christlich dominierte Gesellschaft führte nur über die Preisgabe der traditionellen jüdischen Ausbildung, die sich bis dahin auf die religiöse Ausbildung in der Schul beschränkt hatte und die Frauen ohnehin weitgehend außenvorließ. Eine profane Schulbildung gab es nicht, selbst deutsch wurde im Regelfalle nicht gelehrt. Die jüdische Gesellschaft war zutiefst traditionell, ihr Leitbild war „das Ideal des religiösen Gelehrten (Talmid HaCham)"[7].

Damit waren die Möglichkeiten für den Eintritt in die bürgerliche Gesellschaft für Juden von vornherein beschränkt. So sah sich die Bewegung der Haskala vor einer zweifachen Aufgabe: der „Aufklärung der Juden als Menschen und Aufklärung der Juden als Juden"[8]. Denn, und hier sind wir bei dem Problem der Religion angelangt, in den Augen der meisten Intellektuellen jener Zeit galt es eben nicht als ausgemacht, daß Juden ebenso aufklärungsfähig und aufklärungswillig seien wie der gebildete christliche Europäer. Doch darauf wird in der Folge noch einzugehen sein.

Die Maskilim versuchten dieser Aufgabe auf verschiedenen Wegen gerecht zu werden. Am naheliegensten war natürlich der Versuch, allen jüdischen Kindern eine angemessene Ausbildung zukommen zu lassen. In Berlin stifteten

---

[6] Meyer, Michael: *Von Moses Mendelssohn zu Leopold Zunz. Jüdische Identität in Deutschland 1749 – 1824.* München 1994, Seite 22

[7] Behm, Britta: *Moses Mendelssohn und die Transformation der jüdischen Erziehung in Berlin. Eine bildungsgeschichtliche Analyse zur jüdischen Aufklärung im 18. Jahrhundert.* Münster 2002, Seite 31

[8] Schulte, Christoph: *Die jüdische Aufklärung. Philosophie, Religion, Geschichte.* München 2002, Seite 26

darum Isaak Daniel Itzig und David Friedländer 1778 die jüdische Freischule Chinuch Nearim, die als Modell für unzählige weitere Schulen dieser Art dienen sollte – allein auf die Veranlassung von Herz Homberg wurden in Galizien zwischen 1787 und 1800 mehr als einhundert säkuläre jüdische Schulen gegründet, für die das Aufklärungsideal maßgebend war. Die Berliner Freischule galt als „das erste Denkmahl wahrer Aufklärung der Israeliten in Berlin", wie ihr künftiger Direktor Lazarus Bendavid schrieb[9]. Das Unterrichtsprogramm der neuen Schule macht diese Ausrichtung deutlich. Als im April 1781 der Lehrbetrieb begann, standen sowohl hebräische als auch deutsche Sprache, Rechnen, Zeichnen und Geographie auf der Agenda. Ein Kernstück der neuen Bildungsvorstellung bildete hier Mendelssohns Projekt der Pentateuchübersetzung ins Deutsche, die zur gleichen Zeit veröffentlicht wurde. Im zweiten Sendschreiben der Freischule wird explizit auf den moralischen Wert des Bibelstudiums Bezug genommen. Ziel war dabei die Etablierung eines neu konzipierten Religionsunterrichts im aufgeklärtem Sinne[10] – ein Programm, für das die Unterstützung der Gemeinde erst gewonnen werden sollte, was jedoch bereits frühzeitig scheiterte. Dennoch blieb die eigentliche Aufgabe der Freischule von dieser Entwicklung unbeeinflußt – das Ziel der Öffnung der jüdischen Gesellschaft oder, um in der Sprache der Zeit zu bleiben: „die geistige und sittliche, eben die *bürgerliche* Verbesserung der Juden"[11] zu leisten, wie auch preußische Beamte um Dohm sie forderten.

So ist es nur natürlich, daß die Freischule von Beginn an auch bemüht war, über die Grenzen der Religion hinweg wirksam zu werden – ihre Schüler fanden oftmals Anstellung bei christlichen Familien oder gingen auf staatliche Gymnasien über, die öffentlichen Examen fanden unter Anwesenheit von christlichen Gelehrten statt. Erfolge blieben nicht aus – ihre Schüler erhielten

---

[9] Zitiert nach: *Lohmann, Ingrid / Lohmann, Uta: Die jüdische Freischule in Berlin im Spiegel ihrer Programmzeitschriften (1803 – 1826).* In: Herzig, Arno / Horch, Hans Otto / Jütte, Robert (Hrsg.): *Judentum und Aufklärung. Jüdisches Selbstverständnis in der bürgerlichen Öffentlichkeit.* Göttingen 2002, Seite 66

[10] Es ist natürlich fraglich, inwiefern sich Aufklärung und Religion überhaupt vereinigen lassen; gemeint war eine Rückkehr zu den Quellen des Judentums – deshalb auch der Hebräischunterricht! Es ist ja nicht zu übersehen, daß gerade der Schlachtruf „Ad fontes!" sich deutlich von althergebrachten Autoritäten absetzt und Individualität und, im Sinne einer religiösen *Ortho*doxie, Häresie befördert und damit den Einfluß der traditionalistischen Rabbiner untergräbt.

automatisch eine Aufenthaltsgenehmigung für Berlin und die Schule erhielt die Konzession, eine eigene Buchhandlung nebst angeschlossener Druckerei betreiben zu dürfen.

Doch zeigte der gescheiterte Versuch, die finanzielle Unterstützung der Gemeinde zur Übernahme auch der religiösen Erziehung der Kinder zu erhalten auch deutlich die Grenzen der Freischule auf. Von Beginn an war sie von privaten Geldgebern abhängig, Geldgebern, die sich wie die Gesellschaft der Freunde mit einem reformierten Judentum identifizierten und sich teilweise deutlich von der orthodoxeren Gemeindeverwaltung distanzierten[12]. Die Freischule reagierte auf diese Schwierigkeiten mit einer noch stärkeren Öffnung nach außen – von 1803 an wurden ihre Nachrichten in deutschen Lettern gedruckt. Dabei öffnete sich die Freischule auch christlichen Schülern, die zum Teil gegen Schulgeld am Unterricht teilnahmen und – aufgrund ihrer vergleichsweise großen Anzahl (im Durchschnitt 30% der Schüler) die Schulkasse beträchtlich aufbessern[13]. Aber die finanzielle Ebene stellte nicht den Hauptgrund für die Aufnahme christlicher Schüler dar; bot sie doch auch die verstärkte Möglichkeit für intensive Kontakte zwischen Juden und Nichtjuden und paßte damit in das erziehungspolitische Programm der Freischule. Nebenbei sorgte sie natürlich für auch für eine gute Presse: So lobte der Berliner Propst Hanstein bereits 1807 die Freischule als „ein schönes Muster ächter Toleranz und Unparteilichkeit"[14], was beim Werben um die offizielle Anerkennung der preußischen Behörden nützlich war. Doch zunächst mußten diese Bemühungen scheitern; die Freischule hatte sich von der staatlichen Anerkennung vor allem eine sichere Finanzquelle und damit Unabhängigkeit und eine Bestandsgarantie erhofft – der Krieg gegen Napoleon machte diese Hoffnungen fürs erste zunichte. So blieb die Freischule bis 1817 von privaten Förderern abhängig und auf diese Weise nahezu ein

---

[11] Lohmann, Ingrid / Lohmann, Uta: *Die jüdische Freischule in Berlin im Spiegel ihrer Programmzeitschriften (1803 – 1826)*. Seite 72

[12] Gerade die Mitglieder der Gesellschaft der Freunde sahen sich von der Gemeindeverwaltung, die zu weiten Teilen noch lange in (gemäßigt) orthodoxen Händen verblieb, geradezu verfolgt, wie Joseph Mendelssohn klagte (vgl. Lohmann, Seite 73)

[13] Dies war der Freischule allerdings nur bis 1819 möglich. In diesem Jahr entschied das Ministerium für geistliche, Unterrichts- und Medizinal-Angelegenheiten, daß eine solche Koedukation sich stets nachteilig auf den Charakter der christlichen Schüler auswirken müsse und deshalb zu unterbinden sei.

[14] Zitiert nach: ebd. Seite 78

Familienunternehmen: ihre größten Geldgeber waren nach wie vor Mitglieder der Familie Itzig. Da diese Mittel laufend neu eingeworben werden mußten, konnte die Existenz der Freischule nur von Jahr zu Jahr gewährleistet werden.

Zugleich nahm das antisemitische Klima in der Gesellschaft zu: der entstehende Nationalismus polarisierte die Gesellschaft, Autoren wie Fichte und Grattenauer gossen weiteres Öl ins Feuer. Als Reaktion gründete sich Ende 1819 in der Berliner Gemeinde der Verein für Cultur und Wissenschaft der Juden. Eines seiner prominentesten Mitglieder, der Gelehrte Leopold Zunz war in jungen Jahren selbst ein Freischüler – wenn auch in Wolfenbüttel – gewesen. Ihm lag die Entwicklung einer Wissenschaft des Judentums und damit eine grundlegende Reform der jüdischen Schulbildung besonders am Herzen. 1823 forderte er die Gemeinde auf, die Freischule endlich regelmäßig zu unterstützen und sie in eine Gemeindeschule umzuwandeln, die eine grundlegende Ausbildung für alle Ausbildungswege bot; der Direktor der Freischule, Lazarus Bendavid, schloß sich diesen Forderungen an. Der erzwungene Ausschluß der christlichen Schüler, der die Freischule zunächst auch in finanzielle Schwierigkeiten gestürzt hatte, erwies sich hier als hilfreich – hatte er doch den jüdischen Charakter der Schule nur verstärkt und eröffnete der Schule so neue Möglichkeiten gegen die Konkurrenz der öffentlichen Schulen, die eine jüdische Religionsbildung nicht gewährleisten konnten, die eigenen inhaltlichen Akzente verstärkt deutlich zu machen. Nachdem ein neuer Gemeindevorstand gewählt worden war, gelang es schließlich, 1825 eine reformierte Gemeindeschule zu gründen, in der die Freischule aufging – 1829 konnte Leopold Zunz schließlich auch die alte, traditionelle Talmud Tora mit der Gemeindeschule vereinigen. Das Ziel, dauerhaft eine umfassend säkuläre, reformierte jüdische Erziehung zu etablieren, war erreicht.

Typischer für die Haskala dürfte aber beinahe ein anderes Projekt gewesen sein, das gleichfalls vor dem Hintergrund einer reformierten Bildung ins Leben gerufen wurde: die Zeitschrift HaMeasef. Schon Moses Mendelssohn hatte 1755 seine eigene, hebräischsprachige Zeitschrift gegründet. Sein Kohelet Mussar stellte sein Erscheinen jedoch bereits nach zwei Ausgaben ein – Teile der jüdischen Gemeinde hatten heftig gegen das Projekt protestiert, das einen eindeutig aufgeklärten Hintergrund hatte. Sie hatten erkannt, daß Mendelssohn

durchaus missionarische Ziele verfolgte und die Zeitschrift durch ihre Unabhängigkeit eine Gefahr für die rabbinische Autorität darstellte. Insofern waren diese Schriften keineswegs so harmlos, wie sie noch bei Meyer erscheinen.

Erst die zweite Generation der Maskilim schreckte vor dem offenen Bruch mit der Tradition nicht mehr zurück; ab 1783 publizierte die „Gesellschaft hebräischer Literaturfreunde" die Zeitschrift HaMeasef, die schon in ihrer Ankündigungsschrift, die zugleich das Programm der Zeitschrift schilderte, an Mendelssohns Kohelet Mussar anknüpfte. Themenbereiche sollten sowohl zeitgenössische Dichtung in hebräischer Sprache sein wie auch eine Reihe von Biographie, in deren Rahmen dem Leser vorbildhafte Juden vor Augen geführt werden sollten. Ein weiterer Kernpunkt waren wissenschaftliche Untersuchungen zur hebräischen Sprache, Kommentare zu Bibel und Talmud und allgemeine wissenschaftliche Untersuchungen. Die Sprache der Zeitschrift sollte Hebräisch sein – Ziel war, der hebräischen Sprache als Kultur- und Wissenschaftssprache neues Leben einzuhauchen. Allein dies war schon eine Revolution, hatte Hebräisch doch bislang vor allem als alte, heilige Sprache der Religion und des Glaubens gegolten, die außerhalb der religiösen Sphäre nicht gesprochen wurde. Andreas Kennecke führt darüberhinaus als weitere Gründe zur Wahl der hebräischen Sprache vor allem zweierlei auf: die Hoffnung, ein breiteres Publikum – nämlich Juden, die des Deutschen nicht mächtig waren – zu erreichen und mit aufklärerischen Ideen vertraut zu machen und zugleich eine gewisse Abgeschlossenheit dem deutschsprachigen und möglicherweise judenfeindlichen Umfeld gegenüber zu erzielen.[15] HaMeasef erschien mit Unterbrechungen von 1783 bis 1812, hatte aber von Beginn an Schwierigkeiten, sich zu behaupten obwohl sich die Zeitschrift mehrfach inhaltlich umorientierte.

Die Gründe hierfür sind außerordentlich vielschichtig, auffällig an der Zeitschrift sind aber vor allem zwei Dinge. Die Geschichte der Großen Israels, die ein fester Bestandteil der Zeitschrift war, ist dabei besonders bemerkenswert:

1788 veröffentlichte Isaac Euchel in seiner Zeitschrift seine Biographie Mendelssohns, den er als herausragenden Weisen und Gründervater der jüdischen

---

[15] Vgl. Kennecke, Andreas: *Der „HaMe'assef" und sein erster Herausgeber Isaac Euchel.* In: Nagel, Michael (Hrsg.): *Zwischen Selbstbehauptung und Verfolgung. Deutsch-jüdische Zeitung und Zeitschriften von der Aufklärung bis zum Nationalsozialismus.* Hildesheim 2002, Seite 70f.

Aufklärung darstellt. Mendelssohn eignete sich vordergründig als observanter Jude natürlich außerordentlich gut zum Aushängeschild; daß er zusätzlich die Anerkennung der christlichen Elite erfahren hatte gab dem Projekt zusätzliche Legitimation, denn es war ihm offenbar gelungen, die Gegensätze zwischen Christentum und Judentum aufzuheben respektive miteinander zu vereinen. Und doch enthält Euchels Biographie allerhand Sprengstoff, wenn er Mendelssohns Werdegang nicht als Ergebnis göttlicher Fügung sondern „als das Resultat von Zeit, Ort, Erziehung, Lebensumständen und Milieu seit Geburt und Kindheit"[16] darstellt. Gott bleibt lediglich die Rolle des Schöpfers, der sonst in das Leben Mendelssohns nicht mehr eingreift. Hier hat die zeitgenössische aufgeklärte Philosophie Kants die traditionellen jüdischen Glaubensinhalte endgültig ersetzt. Vor diesem Hintergrund verwundert es kaum, daß Euchel auf die bislang üblichen Ausschmückungen von Texten durch Bibelzitate und indirekte Verweise auf Bibelstellen, erst Recht auf Segenssprüche und Gottesanrufungen verzichtet. Euchels Biographie ist aber nicht nur in der Form revolutionär – auch inhaltlich zeigt sie Mendelssohn vor allem als musterhaften Aufklärer und stellt ihn so vollkommen in den Dienst der Sache der Maskilim. Ohnehin ist die Zeitschrift teilweise fast schon radikal zu nennen. Ein Beispiel dafür ist auch Euchels Erklärung des traditionellen Antijudaismus: „Aber wie ich sagte, nicht aus Neid der Religion, nicht aus Liebe zu ihrer Lehre taten diese Völker ein solches an Israel, sondern aus Neid vor dessen Größe und wegen seiner Überheblichkeit". Euchel brach nicht nur mit der Tradition und den alten religiösen Überzeugungen, er rechtfertigte auch implizit die Ausgrenzung der Juden in einer Weise, die über die bloße Forderung nach „bürgerlicher Verbesserung" hinausging. Viele traditionellere Juden mußte diese Radikalität vor den Kopf stoßen.

Hinzu kam aber noch etwas anderes: wie oben bereits gezeigt, bildete die hebräische Sprache einen wesentlichen Teil des Selbstverständnisses der Zeitschrift. Gerade aber die aufgeklärten und gebildeten Juden wandten sich im Zuge ihrer Akkulturation mehr und mehr dem Deutschen zu. Hebräisch als einigendes sprachliches Band verlor in dem Maße an Zugkraft, wie die

---

[16] Schulte, Christoph: *Kindheit statt Vorsehung. Vom Verschwinden Gottes in der Bibliographik der Haskalah: Jacob Emden, Isaak Euchel, Sabbatia Wolff.* In: Jasper, Willi / Knoll, Joachim

althergebrachte Kultur und Tradition ihre Bindungskraft verlor. Für Zeitschriften wie HaMeasef, die beides vereinbaren wollten – jüdische Kultur und aufklärerische Öffnung – war in Deutschland kein Platz mehr.

> *„Die Erd' ist groß und überall*
> *Voll schöner Gottes Güter,*
> *Und alle Menschen – Jud' und Türk*
> *Und Christ – sind unsre Brüder"*
>
> *Noth- und Hülfsbüchlein, herausgegeben von*
> *Rudolph Zacharias Becker*
>
> *„Inmitten fast aller Länder Europas befindet sich*
> *ein mächtiger Staat, der den anderen feindlich*
> *gesinnt ist, sich ständig mit ihnen im Krieg befindet*
> *und in einigen die Bürger schwer bedrückt. Ich*
> *spreche von den Juden."*
>
> *Johann Gottlieb Fichte*

2. Der Blick von Außen.
Herder und die zeitgenössische Volksaufklärung.

Schulte schreibt über die Haskala, sie sei in Fragen der religiösen Reform „eine vielstimmige Aufklärung"[17] gewesen. Vielstimmig war aber auch die Reaktion der deutschen Aufklärer, als sie mit der Tatsache konfrontiert wurden, daß es da eine Minderheit gab, die von der Gemeinschaft der weißen, christlichen Aufklärer den proklamierten Universalismus tatsächlich einforderten.

Neben Dohms bekannter Schrift war es insbesondere weiten Teilen der deutschen Volksaufklärung mit dem Universalismus von Brüderlichkeit und Humanität tatsächlich ernst. Mit einer Auflage von einer halben Million

---

(Hrsg.): *Preußens Himmel breitet seine Sterne... Beiträge zur Kultur-, Politik- und Geistesgeschichte der Neuzeit.* Hildesheim 2002, Seite 264
[17] in Schulte, Christoph: *Die jüdische Aufklärung. Philosophie, Religion, Geschichte.* München 2002, Seite 20

Exemplare fand dabei das eingangs zitierte Noth- und Hülfsbüchlein die größte Verbreitung. Um seinen einfachen Lesern auch die Welt der Gebildeten nahezubringen, wurden hier besonders vorbildhafte Gelehrte exemplarisch vorgeführt – Moses Mendelssohn wurde dabei besonders herausgehoben: er habe schon „von Jugend auf so fromm und redlich gelebt, und seine Seele ist schon hier so gut worden, daß er gewiß hoffen kann, einmahl in jenem Leben recht selig zu seyn."[18] Der Herausgeber Becker fährt fort: „Das Exempel dieses Mannes und noch mehrerer braver, gelehrter und geschickter Juden hat mich noch mehr davon überzeugt, daß es sehr gottlos und unchristlich ist, die Juden zu hassen, zu verfolgen und zu verspotten. Denn sie sind unsere Brüder, und Gott hat sie erschaffen, daß sie eben so glücklich seyn sollen als wir"[19]. Das war kein Einzelfall. Nach dem Vorbild Lessings wurden in großer Zahl Schriften veröffentlicht, die edle Juden zum Thema hatten, so gab 1799 Johann Ferdinand Schlez ein Heftchen mit dem Titel „Nathanael oder die redlichen Israeliten" heraus. Diese Stimme der Humanität wurde im 19. Jahrhundert in den Stürmen des Deutschtums und der romantischen Hinwendung zur christlichen Religion zwar leiser – sie verstummte jedoch nie ganz und blieb mit Autoren wie Heinrich Daniel Zschokke erhalten, dessen Erzählung „Jonathan Frock" noch 1852 von der „Allgemeinen Zeitschrift des Judenthums" empfohlen wurde. Auf der anderen Seite sei der Hinweis auf den schon zitierten Michaelis erlaubt; aber auch Geister wie Kant schrieben haarsträubende Sätze.[20] Auffällig ist in diesem Zusammenhang auch der Religionsstreit zwischen Mendelssohn und Lavater, an

---

[18] Zitiert nach: Böning, Holger: *„Und alle Menschen – Jud' und Türk / Und Christ – sind unsre Brüder". Erziehung zu Toleranz und Menschenliebe in Volksaufklärung und Publizistik.* In: Nagel, Michael (Hrsg.): *Zwischen Selbstbehauptung und Verfolgung. Deutsch-jüdische Zeitung und Zeitschriften von der Aufklärung bis zum Nationalsozialismus.* Hildesheim 2002, Seite 12

[19] ebd.

[20] Einige Kostproben sollen hier genügen: Kant, der die Menschenrassen hauptsächlich anhand der Hautfarbe voneinander unterscheidet, schreibt: „Freigelassene ‚Negersklaven' sind völlig unfähig, ‚ein Geschäft [zu] treib[en], das man eigentlich Arbeit nennt' " (Zitiert nach Stangneth, Bettina: *Antisemitische und antijudaistische Motive bei Immanuel Kant?* In: Gronke, Horst / Meyer, Thomas / Neißer, Barbara (Hrsg.): *Antisemitismus bei Kant und anderen Denkern der Aufklärung.* Würzburg 2001, Seite 21.). Wobei der „ ‚Einwohner von Amerika [...] noch tief unter dem Neger selbst steht, welcher doch die niedrigste unter allen übrigen Stufen einnimmt, die wir als Racenverschiedenheiten genannt haben' " (Ebd.). Daß Immanuel Kant daneben auch noch die meisten gängigen Vorurteile gegenüber Juden teilte, und so zu einem Vorläufer des moralischen Antisemitismus Fichtes wurde, nimmt vor diesem Hintergrund nicht wunder, im Gegenteil: hierzu vgl. Ascher, Saul: *Eisenmenger der Zweite. Nebst einem vorangesetzten Sendschreiben an Herrn Professor Fichte in Jena.* Berlin 1794

dessem Ende nichts erreicht war – nur Mendelssohn war endgültig um die Illusion ärmer, daß es „in der tiefsten Schicht der Religion [...] keine Differenzen zwischen ihm und seinen christlichen Freunden"[21] gebe. „Mendelssohn begriff allmählich [...]: Die große Mehrheit der Christen, unter Einschluß selbst der Hochgebildeten, brachte es nicht über sich, einen edlen Juden, – gar einen, der in der geistigen Welt zu Ansehen gekommen war – zu bewundern und zu achten, ohne daß bei ihr der Wunsch aufkam, ihn zu bekehren"[22].

Daß die europäischen Aufklärer mit zweierlei Maß maßen, sobald es um Minderheiten gleich welcher Art ging, mag auf den ersten Blick erstaunlich und inkonsequent erscheinen – gleichzeitig kennzeichnet weite Teile der Aufklärung gerade dieses. Alte Vorurteile blieben – oftmals unbewiesen – nach wie vor virulent und die Forderung nach der bürgerlichen Verbesserung der Juden ging oftmals über eine bloße kulturelle Öffnung hinaus. Herder verlangt von den Juden (was von Bollacher als Ausweis seiner Judenfreundlichkeit und Humanität gewertet wird) „zwar nicht auf ihre Religionsgebräuche, aber doch auf die ‚alten stolzen Nationalvorurteile'"[23] zu verzichten. Dabei definiert er aber gerade die Religionsgebräuche „als eine Art nationales Grundgesetz", wie Eva Kirn-Frank herausgearbeitet hat[24].

Lessings Buch von der Erziehung des Menschengeschlechts erscheint vor solchen Äußerungen und dem Hintergrund, daß sich ein jüdischer Rabbiner noch 150 Jahre nach dem Lavaterstreit durch einen „hervorragenden christlichen Gelehrten" zur Rechtfertigung des Festhaltens am Judentum genötigt sah, geradezu naiv. Dabei muß nicht einmal erwähnt werden, daß jener Leo Baeck unter seinen christlichen Mitmenschen wohl auf noch weniger Verständnis hoffen konnte als Mendelssohn seinerzeit.

---

[21] Meyer, Michael: *Von Moses Mendelssohn zu Leopold Zunz. Jüdische Identität in Deutschland 1749 – 1824.* München 1994, Seite 23
[22] ebd., Seite 38
[23] Bollacher, Martin: *„Feines, scharfsinniges Volk, ein Wunder der Zeiten!" – Herders Verhältnis zum Judentum und zur jüdischen Welt.* In: Schulte, Christoph (Hrsg.): *Hebräische Poesie und jüdischer Volksgeist. Die Wirkungsgeschichte von Johann Gottfried Herder im Judentum Mittel- und Osteuropas.* Hildesheim 2003, Seite 31
[24] In ihrem Aufsatz: *„Ein unserm Weltteil fremdes Asiatisches Volk": Zum Bild der Juden in deutschen Zeitschriften zwischen 1750 und 1806.* In: Nagel, Michael (Hrsg.): *Zwischen*

Was so lange Zeit meines Lebens mir die größte Schmach, das herbste Leid und Unglück war, eine Jüdin geboren zu sein, um keinen Preis möcht' ich das jetzt missen.

Rahel Varnhagen

Diese Religion also, die der Absicht ihres Urhebers nach die jüdische Nation zur weisesten und verständigsten bilden sollte, machte sie durch den unzweckmäßigen Gebrauch derselben zur unwissendsten und unvernünftigsten unter allen.

Salomon Maimon

3. Das Scheitern.

Doch nicht nur das Umfeld der Haskala war problematisch, sondern die Bewegung der Haskala schuf sich selbst auch sehr viele Probleme selbst. Die Lücke, die der Tod Mendelssohns riß, konnte nie ganz geschlossen werden. Ein adäquater Nachfolger war nicht in Sicht, es gab „niemanden unter den deutschen Juden, der so ungewöhnliche geistige Fähigkeiten hatte und der zugleich eine so einzigartige Philosophie des Judentumes vertrat"[25], wie Meyer schreibt.

Schon Maimon war davon überzeugt gewesen, daß die Haskala ihre Zielgruppe nicht würde erreichen können. Er schrieb in seiner Autobiographie: „Die jüdische Nation ist, ohne Rücksicht auf zufällige Modifikationen, eine unter dem Schein der Theokratie, immer während Aristokratie. Die Gelehrten, welche den Adel dieser Nation ausmachen, wußten sich seit vielen Jahrhunderten, als das Gesetzgebende Korpus, bei den Gemeinen in ein solches Ansehen zu setzen, daß sie mit ihnen machen konnten, was sie wollten. […] Alle aufgeklärte Leute sie mögen sonst noch so viel Geschmack und Kenntniß besitzen, sind bei ihnen Idioten. Warum? Sie haben den Talmud (in dem Grade und nach der Art wie sie

---

Selbstbehauptung und Verfolgung. Deutsch-jüdische Zeitung und Zeitschriften von der Aufklärung bis zum Nationalsozialismus. Hildesheim 2002, Seite 26
[25] Meyer, Michael: *Von Moses Mendelssohn zu Leopold Zunz. Jüdische Identität in Deutschland 1749 – 1824.* München 1994, Seite 66

es verlangen) nicht studirt. Mendelssohn war einigermaßen von dieser Seite geachtet, weil er in der That ein guter Talmudist war.“[26] Aber die Autorität der Rabbiner reichte auch nicht mehr aus, die Entfremdung der gebildeteren und wohlhabenderen Gemeindemitglieder vom traditionellen Judentum zu verhindern.

Die Haskala ist Ausdruck einer Krise des Judentums, die auf interne und externe Faktoren[27] gleichermaßen zurückgeht; zugleich verschärft sie diese Krise aber weiter. Die Vorwürfe der Abkehr vom Judentum, die ihr aus den Kreisen der traditionelleren Gläubigen gemacht werden, mögen überzogen sein, haben aber mehr als nur einen wahren Kern. Die intellektuelle Elite der Haskala nach Mendelssohn bestand nicht nur aus keinen „guten Talmudisten“. Sie ging über Mendelssohn hinaus und wandte sich beinahe vollständig von den „Grundgesetzen der Jüdischen Religion“[28] ab. Wo Mendelssohn sich trotz allem auf die Tradition berief und die Lehre des geoffenbarten Zeremonialgesetzes immer verteidigt hatte, lehnten seine Nachfolger genau dieses Zeremonialgesetz ab. Sie „konnten sich [auch] eine neue Interpretation des Gesetzes nicht vorstellen; in ihm vermochten sie nicht den geringsten Wert zu entdecken. Sie machten sich den Standpunkt der christlichen Welt zu eigen, die nicht einsah, weshalb aufgeklärte Juden an der orthodoxen religiösen Praxis festhalten sollten. Auch stellten sie fest, daß die Befolgung des Gesetzes eine Barriere war auf dem Weg zur politischen Emanzipation, und sie waren eher bereit, das Gesetz als die Emanzipation preiszugeben.“[29] Damit stellten sie sich außerhalb des Selbstbildes vieler ihrer jüdischen Zeitgenossen.

Die Ausrichtung auf das weltliche Ziel der politischen Emanzipation verhinderte auch, daß die Haskala dem überkommenen Judentum neue Impulse geben konnte. Zwar kann man an Friedländers gescheitertem Konversionsversuch

---

[26] Moritz, Karl Philipp: *Salomon Maimons Lebensgeschichte.* Zitiert aus Maimon, Salomon: *Gesammelte Werke, Band I.* Seite 570ff.

[27] Auf der einen Seite steht unter Anderem der massive Autoritätsverlust der Rabbiner der unter anderem durch die Affäre um den Messianismus Sabbatai Zwis ausgelöst wurde und die Öffnung von vielen Juden für äußere Einflüsse über veränderte Ausbildungsziele wie dem Erlernen von Fremdsprachen wie Deutsch oder der Vermittlung von naturwissenschaftlichen Kenntnissen, auf der anderen der Druck der Gesamtgesellschaft, die, wo sie nicht als ganzes antisemitisch war das Judentum als gleichberechtigte Minderheit nicht akzeptieren wollte.

[28] So Salomon Maimon. Vgl. Meyer, Michael: *Von Moses Mendelssohn zu Leopold Zunz. Jüdische Identität in Deutschland 1749 – 1824.* München 1994, Seite 66

[29] Meyer, Michael: *Von Moses Mendelssohn zu Leopold Zunz. Jüdische Identität in Deutschland 1749 – 1824.* München 1994, Seite 71

auch erkennen, daß von einer vollständigen Entfremdung der aufgeklärten Juden von ihrer Herkunft keine Rede sein konnte: immerhin lehnte Friedländer die Anerkennung der christlichen Rituale für sich ab und verteidigte in seiner Bitte um die Taufe den moralischen Wert des traditionellen Judentums. Doch allein der Wunsch nach dem Übertritt zeigt, daß die Identifikation mit dem eigenen religiösen und kulturellen Erbe der aufgeklärten Schüler Mendelssohns derjenigen der traditionellen Juden unterlegen war. Den Wunsch nach spiritueller Erfüllung konnte die Haskala nicht erfüllen; dies zeigt am deutlichsten das Beispiel von Mendelssohns Tochter Dorothea. Sie hatte, wie es bei Mädchen üblich war, keine umfassende religiöse Erziehung genossen und konnte sich mit dem Judentum als geoffenbartem Gesetz nicht mehr identifizieren. Dennoch war der Gedanke der Religion ihr keineswegs fremd; wenn auch nicht im althergebrachten jüdischen Sinn. Friedrich von Schlegel, mit dem Dorothea unglücklich mit ihrer Herkunft und ihrer arrangierten Ehe mit dem Berliner Bankier Veit ein Verhältnis begann, schrieb über sie: „Ihr ganzes Wesen ist Religion – obgleich sie nichts davon weiß"[30]. Doch Schlegels Definition von Religion könnte von der jüdischen Tradition nicht unterschiedlicher sein; an Dorothea schrieb er 1799, im Jahr, in dem sie sich von ihrem Mann scheiden ließ: „Obgleich mir aber auch das, was man gewöhnlich Religion nennt, eins der wunderbarsten, größesten Phänomene zu seyn scheint, so kann ich doch im strengen Sinne nur das für Religion gelten lassen, wenn man göttlich denkt, und dichtet, und lebt, wenn man voll von Gott ist; wenn ein Hauch von Andacht und Begeisterung über unser ganzes Seyn ausgegossen ist; wenn man nichts mehr der Pflicht, sondern alles aus Liebe thut, bloß weil man es will, und wenn man es nur darum will, weil es Gott sagt, nämlich Gott in uns."[31] Diese Religiosität glaubte Friedrich von Schlegel in Dorothea zu erblicken, die ihrerseits auf der Suche war nach etwas, an daß sie glauben konnte, nach Inhalten, die ihr spirituelle Erfüllung gaben und dem, was sie als das egoistische und unmoralische Streben des Bürgertums begriff, etwas entgegenzusetzen vermochte. Das traditionelle Judentum kam für sie nicht in Frage – Judentum hatte sie nur aus der bürgerlich-aufgeklärten Perspektive

---

[30] Körner, Josef: *Briefe von und an Friedrich und Dorothea Schlegel.* Berlin 1926, Seite 20
[31] *Ueber die Philosophie. An Dorothea.* In: *Athenaeum II,1* . Zitiert nach: Schlegel, August Wilhelm / Schlegel Friedrich (Hrsg.): *Athenaeum. Eine Zeitschrift.* Berlin 1960, Seite 14

kennengelernt und sie lehnte alles ab, was damit zusammenhing. Auch der Katholizismus hatte für sie zunächst „zu viel Ähnlichkeit mit dem alten Judenthum, das ich sehr verabscheue"[32]. So trat sie zum Protestantismus über, der auf Dauer ihre Sehnsucht nach Spiritualität doch nicht zu stillen vermochte. Diese Sehnsucht und ihre Kritik am zeitgenössischen Bürgertum führten sie schließlich hin zum Katholizismus: „Ich hasse diese Aufklärung unserer Zeit recht von Herzen; es ist noch nichts gutes, nein nichts von ihr hergekommen. Schon, weil er so uralt ist, zieh ich den Katholizismus vor. Alles Neue taugt nichts."[33]

An Dorothea Schlegel zeigt sich die Krise der aufgeklärten Juden in exemplarischer Weise, gerade weil bei ihr Emanzipationsbestrebungen nicht im Vordergrund standen. Ähnlich ging es vielen Juden ihrer Generation – von Mendelssohns fünf Kindern sollten nur zwei am Judentum festhalten. Der Versuch, durch die Abschaffung des Zeremonialgesetzes über Mendelssohn hinauszugehen, sich auf politische Emanzipation zu konzentrieren und das Judentum zu einer reinen, aufgeklärten Vernunftreligion zu machen mußte scheitern, da der Inhalt der Religion mit dem Ritus notwendigerweise ebenfalls verlorengehen mußte. Das Judentum der unmittelbaren Nachfolger Mendelssohns bot vielen zu wenig, um angesichts der äußeren Umstände weiter an der Religion festzuhalten.

---

[32] *Briefe von Dorothea Schlegel an Friedrich Schleiermacher.* In: *Mitteilungen aus dem Litteraturarchiv in Berlin* N. F. VII, Seite 124. Zitiert nach: Meyer, Michael: *Von Moses Mendelssohn zu Leopold Zunz. Jüdische Identität in Deutschland 1749 – 1824.* München 1994, Seite 111

[33] Raich, J.: *Dorothea Schlegel geb. Mendelssohn und deren Söhne Johannes und Philipp Veit, Briefwechsel.* Bd. I, Seite 163. Zitiert nach: Meyer, Michael: *Von Moses Mendelssohn zu Leopold Zunz. Jüdische Identität in Deutschland 1749 – 1824.* München 1994, Seite 112

4. Quellen

Battenberg, Friedrich: *Die Juden in Deutschland vom 16. bis zum Ende des 18. Jahrhunderts.* München 2001

Behm, Britta: *Moses Mendelssohn und die Transformation der jüdischen Erziehung in Berlin. Eine bildungsgeschichtliche Analyse zur jüdischen Aufklärung im 18. Jahrhundert.* Münster 2002

Bollacher, Martin: *„Feines, scharfsinniges Volk, ein Wunder der Zeiten!" – Herders Verhältnis zum Judentum und zur jüdischen Welt.* In: Schulte, Christoph (Hrsg.): *Hebräische Poesie und jüdischer Volksgeist. Die Wirkungsgeschichte von Johann Gottfried Herder im Judentum Mittel- und Osteuropas.* Hildesheim 2003.

Feiner, Shmuel / Sorkin, David: *New Perspectives on the Haskalah.* London 2001

Grab, Walter: *Ursachen des Scheiterns der Judenemanzipation in Deutschland.* In: Jasper, Willi / Knoll, Joachim (Hrsg.): *Preußens Himmel breitet seine Sterne... Beiträge zur Kultur-, Politik- und Geistesgeschichte der Neuzeit.* Hildesheim 2002

Gronke, Horst / Meyer, Thomas / Neißer, Barbara (Hrsg.): *Antisemitismus bei Kant und anderen Denkern der Aufklärung.* Würzburg 2001

Gründer, Karlfried / Rotenstreich, Nathan (Hrsg.): *Aufklärung und Haskala in jüdischer und nichtjüdischer Sicht.* Heidelberg 1990

Kant, Immanuel: *Was ist Aufklärung? Aufsätze zur Geschichte und Philosophie.* Göttingen 1994

Kant, Immanuel: *Kritik der reinen Vernunft.* Hamburg 1956

Körner, Josef: *Briefe von und an Friedrich und Dorothea Schlegel.* Berlin 1926

Lohmann, Ingrid / Lohmann, Uta: *Die jüdische Freischule in Berlin im Spiegel ihrer Programmzeitschriften (1803 – 1826).* In: Herzig, Arno / Horch, Hans Otto / Jütte, Robert (Hrsg.): *Judentum und Aufklärung. Jüdisches Selbstverständnis in der bürgerlichen Öffentlichkeit.* Göttingen 2002

Lowenstein, Steven: *The Berlin Jewish Community. Enlightenment, Family, and Crisis, 1770 – 1830.* New York 1994

Meyer, Michael: *Von Moses Mendelssohn zu Leopold Zunz. Jüdische Identität in Deutschland 1749 – 1824.* München 1994

Moritz, Karl Philipp: *Salomon Maimons Lebensgeschichte.* In Maimon, Salomon: *Gesammelte Werke, Band I.* Hildesheim 2000

Nagel, Michael (Hrsg.): *Zwischen Selbstbehauptung und Verfolgung. Deutsch-jüdische Zeitung und Zeitschriften von der Aufklärung bis zum Nationalsozialismus.* Hildesheim 2002

Pelli, Moshe: „*These are the words of the great pundit, scholar and poet Herder...*": *Herder and the Hebrew Haskalah.* In: Schulte, Christoph (Hrsg.): *Hebräische Poesie und jüdischer Volksgeist. Die Wirkungsgeschichte von Johann Gottfried Herder im Judentum Mittel- und Osteuropas.* Hildesheim 2003.

Regenbogen, Arnim / Meyer, Uwe (Hrsg.): *Wörterbuch der philosophischen Begriffe.* Hamburg 1998

Schlegel, August Wilhelm / Schlegel Friedrich (Hrsg.): *Athenaeum. Eine Zeitschrift.* Berlin 1960

Schulte, Christoph: *Kindheit statt Vorsehung. Vom Verschwinden Gottes in der Bibliographik der Haskalah: Jacob Emden, Isaak Euchel, Sabbatia Wolff.* In: Jasper, Willi / Knoll, Joachim (Hrsg.): *Preußens Himmel breitet seine Sterne... Beiträge zur Kultur-, Politik- und Geistesgeschichte der Neuzeit.* Hildesheim 2002

Schulte, Christoph: *Die jüdische Aufklärung. Philosophie, Religion, Geschichte.* München 2002

Sorkin, David: *The Berlin Haskalah and German Religious Thought. Orphans of Knowledge.* London 1997